CB075038

Ruth M. Dutra

Geographia Feminina

ISIS

© 2009, Editora Isis Ltda.

Supervisão Editorial:	Gustavo L. Caballero
Diagramação Digital:	Alexandre M. Souza
Criação da Capa:	Fabrício Picone
Revisão de Textos:	Fabricia Carpinelli Romaniv
ISBN:	978-85-88886-40-7

É proibida a reprodução total ou parcial desta obra, de qualquer forma ou por qualquer meio eletrônico, mecânico, por processos xerográficos ou outros, sem a permissão expressa do editor. (lei nº 9.160 de 19/02/1998).

Todos os direitos para a língua portuguesa são reservados exclusivamente para:

EDITORA ISIS, LTDA.
contato@editoraisis.com.br
www.editoraisis.com.br

A ti, silenciosamente escrevo,
na quietude de horas relembradas,
respeitando todas as palavras.

A ti, silenciosamente escribo,
en la quietud de las horas recordadas,
respetando todas las palabras.

Apresentação

Escrevo porque a palavra aperfeiçoa. E neste ensaio de escrita, encontro com os riscos causados pelo apreço que tenho em privilegiar o verbo ser. Considero o ser, algo da ordem de uma hegemonia verbal. Nele, a questão do sentido é inaugurada.

Se escrevo, é porque não-**sou**-toda. Fui marcada por um sentido impróprio, ao qual, insistentemente, em volteios rebuscados, busco a-propria-ação.

Aludo questões enraizadas na sexualidade feminina, *sus dolores y colores*. Campo de imagens e sensações deslocadas em metáforas favoráveis que suplementam as lacunas abertas pela impressão dos lastros constituintes do desejo feminino. Marcas primitivas, traços indeléveis forjados em solo psíquico, lançados no transcorrer da vida de uma Mulher.

Nessa perspectiva, meu olhar encontra-se com versos crivados de significantes, impregnados de força, revelando antes de tudo, a contingência própria do humano.

Arrisco percorrer essas searas, e os versos se impõem. Imposição que adquire movimento e tom e, em giros e desdobramentos, se transformam em **composição**.

O significado que imprimo nas coisas é o que faz nascer o texto e o verso. No texto estou, e meus poemas são como janelas que rarefazem a densidade do sentido. A poesia dá voz a conteúdos não-rotineiros, expande algo latente, vulcânico, um mais além... de mim, imprimindo novos passos nas areias de meus litorais.

Navego pelos sinuosos territórios da palavra, e aí, deparo-me e depuro-me. Subjetividade a galope entre paisagens íntimas, que delineiam geographias sempre renováveis. Prossigo então, abrindo clareiras na linguagem, criando possibilidades de ultrapassar minha própria fala, continuamente impregnada de impossíveis.

E neste incessante mais ainda, recrio-me em poemas nascentes.

De letra em letra, de palavra em palavra, sei e sou.

Presentación

Escribo porque la palabra perfecciona. Y en la escrita, me arriesgo por el aprecio que tengo en privilegiar el verbo ser. Considero el ser, algo como una hegemonía verbal. En él, la cuestión del sentido está inaugurada. Si escribo, es porque no-soy-toda. Fui marcada por un sentido impropio, en el cual insistentemente, en vueltas rebuscadas, busco, a-propi-a-ción.

Aludo a cuestiones profundamente arraigadas en la sexualidad femenina, sus dolores y colores. Campo de imágenes y sensaciones dislocadas en metáforas favorables, que suplementan las lagunas abiertas por la impresión de las huellas constituyentes del deseo femenino. Marcas primitivas, rastros indelebles, forjados en suelo psíquico lanzados en el transcurrir de la vida de una Mujer.

En esta perspectiva, mi mirada se encuentra con versos cribados de significados, impregnados de fuerza, revelando, antes de todo, la contingencia propia del humano.

Arriesgo recurrir estas siegas, y los versos se imponen.

Imposición que adquiere movimiento y tono y, en vueltas y desdoblamientos, se transforma en composición. El significado que imprimo en las cosas, es lo que hace nacer el texto y el verso.

En el texto estoy, y mis poemas son como ventanas, que enrarecen la densidad del sentido.

La poesía concede voz a contenidos no-rutineros y amplía lo latente, volcánico, un más allá… de mí, imprimiendo nuevos pasos en las arenas de mis litorales.

Navego por los territorios sinuosos de la palabra, y allí, me deparo y me depuro.

Subjetividad al galope entre paisajes íntimos, que bosquejan geographias siempre renovadas.

Prosigo, entonces, abriendo claros en el lenguaje, creando posibilidades de exceder mi propia habla continuamente, impregnada de imposible.

Y en éste incesante más aún, me recrío yo, en los poemas que nacen.

De letra en letra, de palabra en palabra, sé y soy.

"O que constitui verdadeiramente a feminilidade, são características desconhecidas, que fogem do alcance da mera anatomia".

"Lo que constituye verdaderamente la feminidad son características desconocidas, que no alcanzan la mera anatomía".

Sigmund Freud

Índice

5 .... Apresentação
7 .... Presentación
13 .... Vales / Valles
27 .... Desertos I / Desiertos I
41 .... Desertos II / Desiertos II
55 .... Litorais / Litorales
57 .... Infinitos / Infinitos
77 .... Relevo / Relieve
79 .... Feminilidade Re-velada / Feminidad Re-velada
99 .... Território da palavra / Territorio de la palabra

Vales / Valles

Grafia das planícies.

Grafía de las Planicies

I.
Transcendo ausência,
navegando em oceano aberto.
Revelo-me tua,
pela exatidão das marcas.

Minha palavra presente
é lastro de eleição antiga.
Passado olvidado.
Relembrança em imagens-porto.
Ancoradas no real da linguagem-mar.

Captura voluntária,
repentina e conjugável
em voo solidário.

Ardência compartilhada,
intransigente elocução.

⋄⋄⋄

I.
Transciendo ausencia,
navegando en océano abierto.
Me he revelado tuya,
por la exactitud de las marcas.

Mi palabra presente
es vestigio de elección antigua.
Pasado olvidado.
Recuerdos en imagen-puerto.
Anclados en el real del lenguaje-mar.

Captura voluntaria,
repentina y conjugable
en vuelo solidario.

Ardimiento compartido,
intransigente elocución.

II.
Permito-me deslindar teus enigmas
e desvendo teus sóbrios desvarios.
Antecipo a palavra nova.
Capto-te em sentido latente.

Mira-me.
E no simples,
descobrirás minha palavra
grávida de desejo.

❧❦☙

II.
Me permito deslindar tus enigmas
y desvelarte en tus sobrios desvaríos.
Anticipo la palabra nueva.
Te capto en sentido latente.

Mírame.
Y en lo sencillo,
descubrirás mi palabra
embarazada de deseo.

III.
Minha palavra permeia
a severidade do mundo.
Invado a densidade dos instantes,
em azul sonhado.

Insinuo meus devaneios e
destaco-me nas intensidades.

Desdobro-me em irredutível sensatez,
selvageria recoberta,
em magenta, antes ignorada.

Divago em progressões,
alongando-me nas derivadas.

Escamoteio a raiva,
esculpindo risos em relvas verdes,
de um jeito que só o ser mulher, garante.

Protagonizo-me.

⁂

III.
Mi palabra traspasa
la severidad del mundo.
Invado la densidad de los instantes,
en azul soñado.

Insinúo mis devaneos
y me distingo en las intensidades.

En irreducible sensatez, me revelo.
Salvajismo recubierto,
en magenta, antes ignorado.

Divago en las progresiones para
prolongarme en las derivadas.

Conjuro la rabia,
esculpiendo risas verdes en relvas,
de un modo que sólo el ser de una mujer, Garantiza.

IV.
Vislumbro-te em
trans-lúcida transparência.
Pungente é a proximidade e
longitudinal, o distanciamento.
Incongruência.

Então, inauguro uma praia pura,
de geographia inigualável.
E dela, faço refúgio.

Realizo êxtases semânticos
transbordantes de sentido,
que trazem a tona um poema ágil,
que não teve véspera.

IV.
Quiero vislumbrarte en
trans-lucida transparencia.
Pungente es la proximidad y
longitudinal, el distanciamiento.
Incongruencia.

Entonces, inauguro una playa pura,
de geographía inigualable.
Y de ella, hago abrigo.

Realizo extasíes semánticos
que trasborda el sentido
y alza un poema ágil,
que no tuve víspera.

V.
Incisiva, teço episódios,
discreta, abro horizontes e orifícios.
Recorto paisagens marcantes
e bebo nos açudes teus.
Lugares são veículos pras minhas metáforas.
Certas paisagens podem ser admiráveis.
Outras, apontam para essa venenosa
manhã sem ti.

∽∾∽

V.
Incisiva, entrelazo episodios,
discreta, abro horizontes y orificios.
Corto paisajes muy marcados
y bebo en los arroyos tuyos.
Lugares son vehículo para mis metáforas.
Ciertos paisajes pueden ser admirables.
Otros, apuntan para esta venenosa
mañana sin ti.

VI.
Aprendi tantas coisas
que desaprendi o suficiente,
para vestir-me de mim.

Roupagem feminina
de flores e poemas.
Dinâmica regência,
quase intransigência.

Marcas de curta duração,
inscritas a longa distância.
Gestos ignorados,
evidência grafada.

Vórtice do sentido,
matéria-prima do poema.

VI.
Aprendí tantas cosas que
desaprendí lo suficiente,
para vestirme de mí.

Ropaje femenino
de flores y poemas.
Dinámica regencia,
casi intransigencia.

Marcas de corta duración
talladas a larga distancia.
Gestos ignorados,
evidencia del trazo.

Vórtice del sentido,
materia prima del poema.

VII.

Geographia feminina?

Pra além de lugares vistos
com o próprio olhar,
Tenho curvas, relevos e reentrâncias.
Seio, cheiro, tom.
Boca, nádegas, cabelo e tez.
Pele, toque,
e alguns temperos inconfessáveis.

Um continente.
Contingente ilha.
Paraíso, recoberto de impossível.
Olhares e voz.

Geographia de lugar nenhum.

VII.

¿Geographia femenina?

Para más allá de los lugares vistos
con mi propia mirada,
Tengo curvas, relieves y cavidades.
Senos, olor, tonalidad.
Boca, nalgas, cabello y tez.
Piel, toque,
y algunos temperos inconfesables.

Un continente.
Contingente isla.
Paraíso, recubierto de imposible.
Miradas y voz.

Geographia de ningún lugar.

VIII.
Garimpando palavra,
traço status de sensações.
Apreendo-te em mensagem implícita.
Efeito audaz.
Imperceptível instante,
equívoco reeditado.

Vislumbro meus pequenos céus.
Onde teu olhar devora o meu!

ꙮ

VIII.
Extrayendo palabra,
trazo status de sensaciones.
Le prendo en mensaje implícito.
Efecto audaz.
Imperceptible instante,
equívoco reeditado.

vislumbro mis pequeños cielos.
¡Donde tu mirada devora la mía!

IX.
Meus poemas contém
algo de ordem extensiva.
Momento involuntário,
movimento preciso.
Grafia própria,
Escolha de uma impressão.

Reflexo constituído,
em verossímil discrepância.

Realidade assimilável,
tempo demarcado no escrito,
no andamento das transições.

Pensamento grave de
reminiscentes tons.

༺❦༻

IX.
Mis poemas contienen
algo de orden extensiva.
Momento involuntario,
movimiento preciso.
Grafía propia,
Impresión elegida.

Reflejo constituido,
en verosímil discrepancia.

Realidad asimilable,
tiempo demarcado en la escritura,
el curso de las transiciones.

Pensamiento grave y
remanentes tonalidades.

XI.
Lançada na vida,
tal qual pássaro sem céu,
relanço meu chão, em
episódios de inteiração.

Curso e recurso de caminho sem volta.
Sigo insistente,
perguntando-me quem sou.
Um mal-estar inunda-me os olhos
e perto do desespero, encarno sentido.
Dou-me conta que há lugares desconhecidos
– topologia incandescente.
Inauguro territórios em busca de uma
cartografia plana.
E assim,
abrem-se os horizontes da palavra,
que inauguram um lugar de
autenticidade inequívoca.

XI.
Lanzadas en la vida,
tal cual un pájaro sin cielo,
relanzo mi marca,
en episodios de la interacción.

Curso y recurso de camino sin vuelta.
Sigo insistente,
preguntando quién soy.
Un malestar inunda mis ojos
y, cerca de la desesperación, encarno sentido.
Tengo en cuenta que hay lugares desconocidos
– topología incandescente.
Inauguro territorios en busca de una
cartografía plana.
Y así,
se abren los horizontes de la palabra,
que inauguran un lugar de
autenticidad inequívoca.

XII.
Minha geographia
constrói sentido.
Necessito de um lugar vazio
para delinear aí,
uma paisagem.
Panorama onde recordo,
recriando origem.

Há certas palavras que
são capazes de deslumbrar-me.
Nelas encontro caminhos e vales,
onde em fala e escrita,
aprimoro escuta.

༺❦༻

XII.
Mi geografía
construye sentido.
Necesito un lugar vacío
para delinear ahí
un paisaje.
Panorama donde recuerdo,
recriando el origen.

Hay ciertas palabras que
son capaces de fascinarme.
En ellas encuentro caminos y valles,
donde en habla y escrita,
mejoro la habilidad de escuchar.

XIII.
Penso-me em sucessão ritmada.
Indago-me:
qual a natureza de meus refrões?
Vocábulos precipitados,
ordenados, estendidos,
impulso de mim.

Condensação propiciatória,
em transposição veloz.
Giros em elipse e constante ardor.

Perspectivas reluzentes,
investidas de decisão.

Desembaraço da palavra.

XIII.
Me imagino en sucesión ritmada.
E indago:
¿cuál la naturaleza de mis refranes?
Vocablos precipitados,
ordenados, extendidos,
Impulso de mí.

Condensación propiciatoria,
en transposición veloz.
Giros en elipse y constante ardor.

Perspectivas relucientes,
investidas de decisión.

Desembarazo de la palabra.

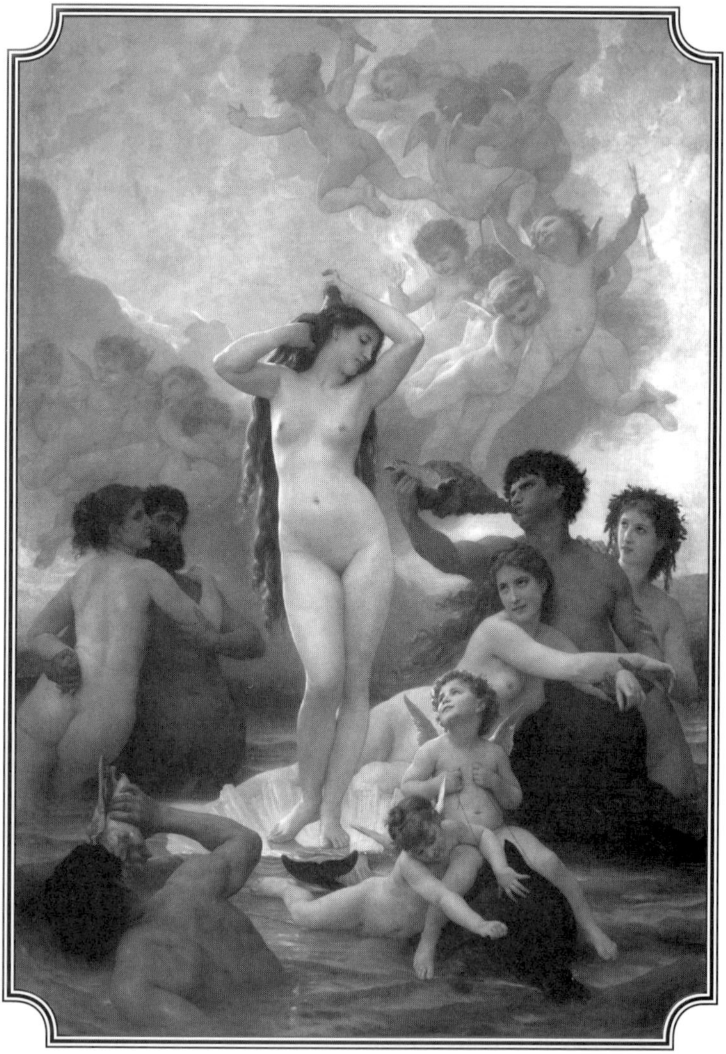

Desertos I / *Desiertos* I

Aridez Voluntária
Olhos no Deserto

Aridez Voluntária
Ojos en el Desierto

الصحاري

I.
Deserto é a fresta que me afasta dos ruídos
Refúgio eleito para desfazer-me dos excessos.

Quando entro no deserto,
É pra destravar muralhas.
Lá, sou formação de dunas
E em vento e sílabas, contorno traços.
Gritos apaziguados,
Grifos delineados.

Ir ao deserto assegura a ordem
Que ressoa em meus poemas nascentes,
Abranda o sentido.
Há calma.

Assim repouso na ilha de mim.
Porque é no deserto,
Que meus castelos de areia se desfazem.

❧❧❧

I.
Desierto es la rendija que me aleja de los ruidos.
Refugio elegido para deshacerme de los excesos.

Cuando entro en el desierto,
Es para destrabar las murallas.
Allá, soy formación de dunas
Y, en viento y sílabas, contorno mis trazos.
Gritos calmados,
Grifos delineados.

Ir al desierto asegura la orden
Que resuena en mis poemas nacientes,
Ablanda el sentido.

Así reposo en la isla de mí.
Porque es en el desierto,
Que mis castillos de arena se deshacen.

II.
No deserto,
Verso e reverso esvaecem em labaredas.
Lá, as musas não dormem
Encontram lua,
Despertam nuas,
E em atmosféricos mares, fazem travessias.

Em brasas, o eu de-compõe-se, pó.
Nasce e renasce junto dos poentes
Transmigra, transmuta, translitera.

Deserto é campo das metamorfoses,
Areias e sílabas.
Dissonâncias sob a superfície calma
da palavra plena.
Silêncio, para se ouvir a voz.

❧❦❧

II.
En el desierto,
Verso y reverso desvanecen en llamaradas.
Allá, las musas no duermen
Encuentran luna,
Despiertan desnudas,
Y en atmosféricos mares, hacen travesías.

En carbones vivos, el yo se descompone, polvo.
Nace y renace, junto de los ponientes
Transmigra, transmuta, transcribe.

El desierto es el campo de las metamorfosis.
Arena y sílabas.
Disonancias bajo la superficie calma
de la palabra plena.
Silencio, para oír la voz.

III.
Deserto é evasão,
Subterfúgio e refúgio.
Paragem intermitente
Entre mortes e redenção.

Lugar mítico, vazio interior.
Mais que espaço geográphico,
Recinto de mim.

⚜

III.
Desierto es evasión,
subterfugio y refugio.
Paraje intermitente
Entre dos: muerte y redención.

Lugar místico, vacío interior.
Más que espacio geográphico,
Recinto de mí.

IV.
Deserto é
Aridez voluntária
Esvaziamento,
Latência de mim.
Extenuante chama das
Reminiscências caladas.
Pérolas do colar de Afrodite,
Aqui, tomo conta do fogo, das forjas,
Do ferro e do carvão.

IV.
Desierto es
Aridez voluntaria
Vaciamiento,
Latencia de mí.
Extenuante llama de las
Reminiscencias calladas.
Perlas del collar de Afrodita,

Aquí, tomo cuenta del fuego, de las forjas
Y del carbón.

V.
No oriente entoo,
Canções boreais
Melodias do Tempo,
Báscula no olhar.
Interrupção.

O deserto ofusca a imagem da matéria.
Sinto vertigem ao vislumbrar
A eternidade consubstanciada.
Espólio divino que engendra,
Busca em si

Que ao mirar o céu,
Concebe um caminho nas estrelas.

~~~~~

V.
En el Oriente entono,
Melodías boreales.
Canciones del Tiempo,
Báscula en la mirada.
Interrupción.

El desierto ofusca la imagen de la materia.
Siento vértigo al vislumbrar
La eternidad consubstanciada.
Expolio divino que engendra
La búsqueda de sí.

Que al mirar el cielo,
Concibe un camino en las estrellas.

VI.
É na calmaria dos excessos transitados,
Torno rarefeito o olhar
Relembro turnos vespertinos,
Épocas e cenários.

Geografia própria, que me faz sentir
Saudades do verde-mar,
E do amar-azul.

❦

VI.
En la calmaría de los excesos, transitados,
Torno rarefacta la mirada.
Recuerdo turnos vespertinos
Épocas y escenas.

Geografía propia, que me hace sentir
Extrañeza del verde-mar
Y del mar-azul.

VII.
Cada vez que entro no deserto,
Estou em busca dos oásis
Para que nele, sejas o sal dos meus sentidos.
Alkali para o corpo,
Nutriente vital.

Resguardo lembrança,
Recordo.
E o deserto torna-se ilha verde.
Daqui consigo ver teus olhos,
Neles me vejo, como quem vê a si,
no silêncio.
Miragem.

~~~

VII.
Cada vez que entro en el desierto,
Estoy en busca de los oasis.
Para que en él, seas la sal para mis sentidos.
Álcali para el cuerpo,
Nutriente vital.

Resguardo memoria.
Recuerdo.
Y el desierto se convierte en isla verde.
De aquí puedo ver tus ojos,
En ellos que me veo, como quien se ve,
En silencio.
Espejismo.

VIII.
Quero recriar a margem onde o
Eufrates fecunda as tamareiras,
E esparge flor em pólen e mel,
Aromas que envolvem o ar,
Invade o plexo, e faz vibrar a
Artéria solar.

Prova da memória alegada.
Vertente do bálsamo que havia
Sob os seios de Ishtar.

Tenda do corpo reencontrado,
Em sândalo, orvalho e especiarias.

Um dia invento um céu
Para percorrer tuas cidadelas
E teu mar.
Desertos, areias e olhares.

༄༅༅

VIII.
Quiero recriar la orilla donde el
Eufrates fecunda las datileras,
Y esparce flor en polen y miel,
Aromas envuelven el aire,
Invade el plexo, y hace vibrar la
Arteria solar.

Prueba de la memoria alegada.
Fuente del bálsamo que había
Bajo los senos de Ishtar.

Tienda del cuerpo reencontrado,
En sándalo, rocío y especias.

Un día invento un cielo
Para recorrer tus ciudadelas
Y tu mar.
Desiertos, arenas y miradas.

IX.
Minha alma às vezes
Se envolve em brumas,
Me reúno aos náufragos de
ilhas dolentes
Névoas de mim,
Busco então um Serafim,
Consuma-dor, e de longa envergadura
Que me retire da floresta vermelha,
E me empreste um
destino na ordem natural.

∽⊙⊙∽

IX.
Mi alma a veces
Si envuelve en brumas,
Me reúno a los náufragos de
islas enfermas.
Nieblas de mí,
Busco entonces un Serafín,
Consumador, y de larga envergadura
Para retirarme de la selva roja,
Y prestarme una
destinación en el orden natural.

X.
Busco uma sensibilidade
que me des-vele
Remoção dos véus da insensatez.
Quero tocar a lucidez que me
re-vela, os adamantinos mantos
da beleza,
Simetria e substância volátil,
Vinculadas à almiscaradas
Essências.
Nômade ser, a encontrar sementes
Plantadas na árvore do mundo,
Onde repousam as aves do céu.

Paragens transmigratórias,
Vagas circunferências
Borda do deserto,
Dos que atravessam a si mesmo.

ೊ൙ ൏ಎ

X.
Busco una sensibilidad
que me devele.
Remoción de los velos de la insensatez.
Quiero tocar la lucidez que me
revela, los adamantinos mantos de la belleza.
Simetría y sustancia volátil,
Vinculadas a las almiscaradas
Esencias.
Nómada ser, a encontrar semillas
Plantadas en el árbol del mundo,
Donde reposan las aves del cielo.

Parajes transmigratorias,
Vagas circunferencias
Borde del desierto
De los que atraviesan a si mismos.

XI.

Quero encontrar-me
Em tuas mais altas esferas
Gravidade necessária e,
Sideração espontânea.

Estamos suspensos
Na infinita agilidade do éter

E até que eu
me estenda para além de teu Zênite,
Luas sonoras,
nos cantarão estrelas.

Moverei meu corpo em amorosa dança,
e incidirei meu olhar em teus olhos,
Porque tens o céu por horizonte,
e tuas coordenadas abrem a porta do infinito.

معنى الحـب وأصل الاشتياقة

XI.

Quiero encontrarme
En tus más altas esferas
Gravedad necesaria y,
Sideración espontánea.

Estamos suspensos
En la agilidad infinita del éter.

Y hasta que
yo me extienda más allá de tu Zenit,
Lunas sonoras,
a nosotros, cantarán estrellas.

Moveré mi cuerpo en amorosa danza,
e incidiré mi mirada en sus ojos,
Porque tienes el cielo por horizonte,
y tus coordenadas abren la puerta del infinito.

معنى الحـب وأصل الاشتياقة

XII.
Em meu deserto, o silêncio é alado
Floresce o laranja,
Multiplicam-se os amarelos
Debaixo de céu azuis.

O vermelho torna-se uma cor fluída
Fogo lento e sede em Sebhás,
Fazem a transubstanciação de
Záfiros em esmeraldas e rubis.

Rios, mares, a terra e os astros,
São reflexos do meu castelo roubado.
Lembrança e esquecimento
Míticas paragens
Isfahans eternas prosperam,
Exalando o perfume sempiterno
De rosas, sorrisos e relvas.

𝓔 que o deserto floresça nos teus pés

⋅⊶⊷⊶⋅

XII.
En mi desierto, el silencio es alado
Y florece el naranjo,
Se multiplican los amarillos,
Bajo cielos azules.

Lo rojo se torna fluido,
Fuego lento y sed en Sebhás
Hacen la transubstanciación de los
Zafiros en esmeraldas y rubís.

Ríos, mares, la tierra y los astros,
Son reflejos de mi castillo quitado.
Recuerdos y olvidos,
Míticos parajes,
Isfahans eternas prosperan,
Exhalando el perfume sempiterno
De rosas, sonrisas y relvas.

𝒴 que el desierto florezca a tus pies!

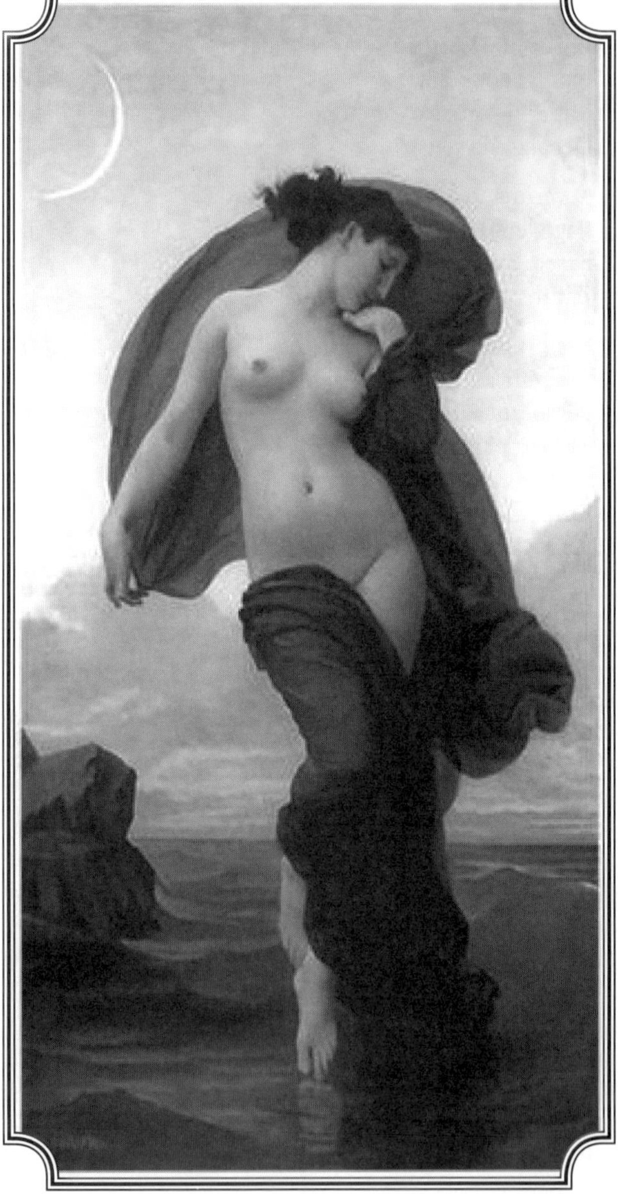

Desertos II / Desiertos II

Ausências intermitentes.

Ausencias intermitentes

I.
É o silêncio que antecede uma palavra.
E em ausência vivo
a densidade dos longos silêncios,
inscritos na matéria bruta das sensações.
Perscruto o vazio de onde surgem as palavras.
Então, como um acorde, uma nota hesitante,
Vou encontrando o veio
De onde brota a contundência do sentido.
Insistência de um caminho próprio.
Amor pelas palavras.

✿✿✿

I.
Es el silencio que precede una palabra.
Y en ausencia vivo
la densidad de largos silencios,
inscritos en la materia grosera de las sensaciones.

Penetro en el vacío de donde surgen las palabras,
Entonces, como un acorde, una nota hesitada,
Voy encontrando la vena
De donde brota la contundencia del sentido.

Insistencia de camino propio.
Amor por las palabras.

II.
A chuva de ontem
Plantou um futuro,
Com a força de indelével temporal.

E o futuro me trouxe um deserto
Cheio de flores raras.

⊱⋅ ⊰

II.
La lluvia de ayer
Ha plantado un futuro,
Con la fuerza de indeleble tempestad

Y el futuro me trajo un desierto
Lleno de flores raras.

III.
Desertos
São grandes movimentos.

Mundo homogêneo que
Convoca o tempo das revoluções.

Inaugura corte e fenda,
Desfaz os contrastes
E abre-me aos compassos
Ritmados,
Embalados
Em celeste harmonia.

∽∘⃝∘⃝∽

III.
Desiertos
Son grandes movimientos.

Mundo homogéneo que
Convoca el tiempo de las revoluciones.

Inaugura corte y fenda,
Deshace los contrastes
Y me abre a los compases
Ritmados,
Embalados
En celeste armonía.

IV.
Do deserto
Se vê mais claro as estrelas
E o silêncio da noite,
Aumenta a profundidade do céu.

Lá as dissonâncias se calam.
O Tempo torna-se palpável.

Movediças areias
Revolvendo a química das sensações.

Recriação de uma sensibilidade singular
Que anela voos plurais.

༺❦༻

IV.
Del desierto
Se ve más claro las estrellas,
Y el silencio de la noche
Agranda la profundidad del cielo.

Allí las disonancias se callan.
El Tiempo se hace palpable.

Móviles arenas
Revolviendo la química de las sensaciones.

Recreación de una sensibilidad singular
Que anhela por vuelos plurales.

V.
Ouço aquilo que escrevo,
No momento exato da escrita.
Olhos bem abertos,
A des-vendar ressonâncias.

Emergência originária,
Que antevê castelos iluminados em
Calmarias vespertinas.
Espelhos d'alma.
Amplidão conjugada.

Em pautas semibreves,
Clavadas em sol.

Transcrevo-te.

☙❧

V.
Oigo lo que escribo,
En el momento exacto de la escritura.
Ojos bien abiertos,
Desvendar resonancias.

Originaria emergencia
Que antevé, castillos iluminados en
Calmarías vespertinas.
Espejos del alma.
Amplitud conjugada.

En pautas semibreves
Clavadas en sol.

Te transcribo.

VI.
É na aridez de vastos horizontes
Que amanheço.
Pensamento livre,
Pulso apaziguado.
Alvorada sempre re-começada
Vida reconciliada.

VI.
Es en la aridez de vastos horizontes
Que amanezco.
Pensamiento libre,
Pulso apaciguado.
Alborada siempre recomenzada,
Vida reconciliada.

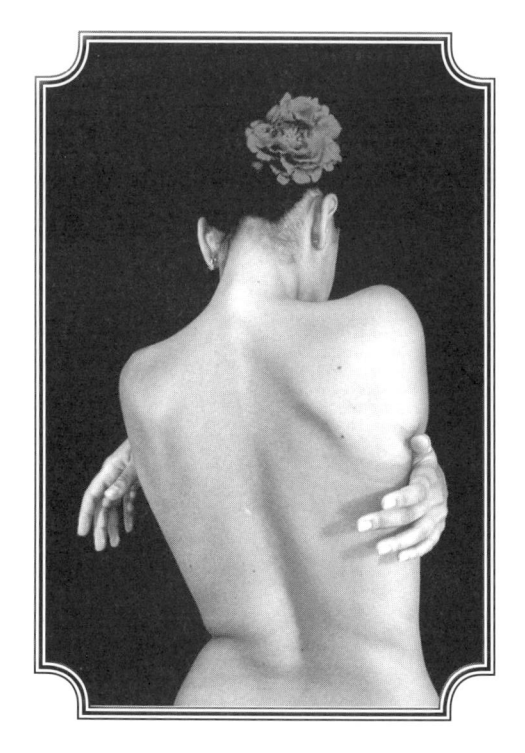

VII.
De ausências faço soneto
Desfaço tempo
E me espero.

Neste ensaio de volta, esmero
Tempo recluso.
Solidão voluntária.
Premência de si

E na expansão da esfera,
Um amor *sem* tempo vem.

❦

VII.
De ausencias hago soneto,
Deshago tiempo
Y me espero.

En este ensayo sin vuelta, desvelo.
Tiempo cautivo.
Soledad voluntaria.
¡Urgencia de sí!

Y en la extensión de la esfera,
Un amor *sin* tiempo, viene.

VIII.
Oásis são lugares desejados,
Paraísos redescobertos.
Tenda e sombra,
que atenuam caminhada
De viajantes solitários.

Oásis é cacho de flores ausente,
Re-lembrado.
Aroma e cor reencontrado.

Água para sede de amor.
Luz para sede de amar.

VIII.
Oasis son lugares deseados,
Paraísos redescubiertos.
Tendal y sombra
que atenúan la caminada
De viajeros solitarios.

Oasis es ramillete de flores ausentes,
Rememorado.
Aroma y color, reencontrado.

Agua para la sed de amor.
Luz para la sed de amar.

IX.
E tu,
Sabes bem o que me trouxeste?

Encontro cores que
dilatam - presença,
E contraem a indelével dor da ausência.

Neste sobrevoo múltiplo,
Vejo aves matutinas,
E navego nas amplidões.

☙☙☙

IX.
¿Y tú,
Sabes bien lo que me has traído?

Encuentro colores que
dilatan - presencia,
Y retraen el indeleble dolor de la ausencia.

En este sobrevuelo múltiplo,
Veo aves matutinas
Y navego en las amplitudes.

X.
Encontro na precisão de Ocasos,
A beleza da esfera,

É em lunar silêncio,
que ouço o vento das eras,
e o espasmo dos ciclos.
Silêncio é a fonte da palavra,
Lastro do absoluto

Sigo rastro de astros luminosos,
Em amplitude vertiginosa.

⁂

X.
Encuentro en la exactitud de Ocasos,
En la belleza de la esfera.

Es en lunar silencio
que oigo el viento de las Eras
y el espasmo de los ciclos.
Silencio es la fuente de la palabra,
Trillo del absoluto.

Sigo rastro de astros luminosos,
En amplitud vertiginosa.

XI.
Sublinho a extravagância do inevitável,
Recorrência do incongruente.

Vivo contingências aladas,
Auroras das eras que já são.
Meu olhar sobrevoa os amanhãs.

Poentes vermelhos,
que suplantam minhas miragens.
Alvor-e-ser azul,
Que mitiga os ventos de meus desvarios.

∽⊙ ⊙∾

XI.
Subrayo la extravagancia de lo inevitable,
Evocación de lo incongruente.

Vivo contingencias aladas,
Alboradas de las eras que ya son.
Mi mirada, sobrevuela las mañanas.

Auroras rojas,
que suplantan mis espejismos.
Alborecer azul,
Que atenúa los vientos de mis desvaríos.

XII.
O corpo de meus desertos,
Me ferem de modo irreversível.
Sou habitada por água,
Vela e mar.
De areia e pedra são meus castiçais.

Enamorada,
Beijo o vento e as Eras.
Minha gravidade permanece imutável no
silêncio.
Procuro lugares que me guardem
as chamas da mais clara solidão.

Meu corpo tece horas,
E nada se apaga como antes.

꧁ ꧂

XII.
El cuerpo de mis desiertos
Me hiere de modo irreversible.
Soy habitada por agua,
Vela y mar.
De arena y roca son mis candelabros.

Enamorada,
Beso el viento y las eras.
Mi gravedad permanece inmutable en
el silencio.
Busco lugares que guarden
las llamas de la más clara soledad.

Mi cuerpo teje horas,
Y nada se borra como antes.

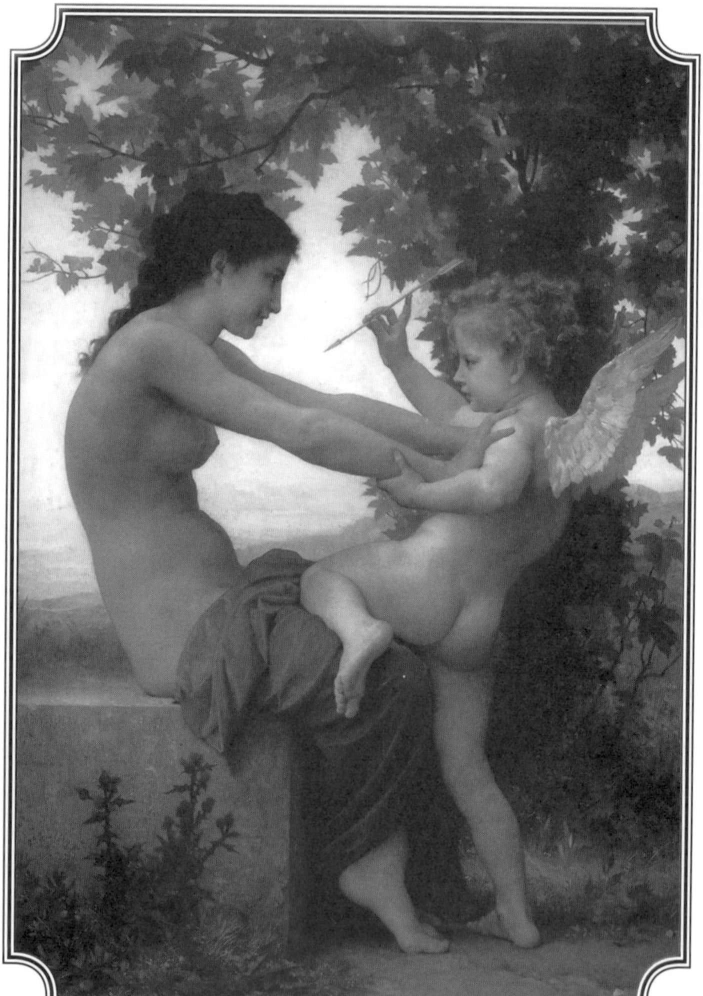

Litorais / Litorales

Mar deserto
Céu aberto

Mar desierto
Cielo abierto

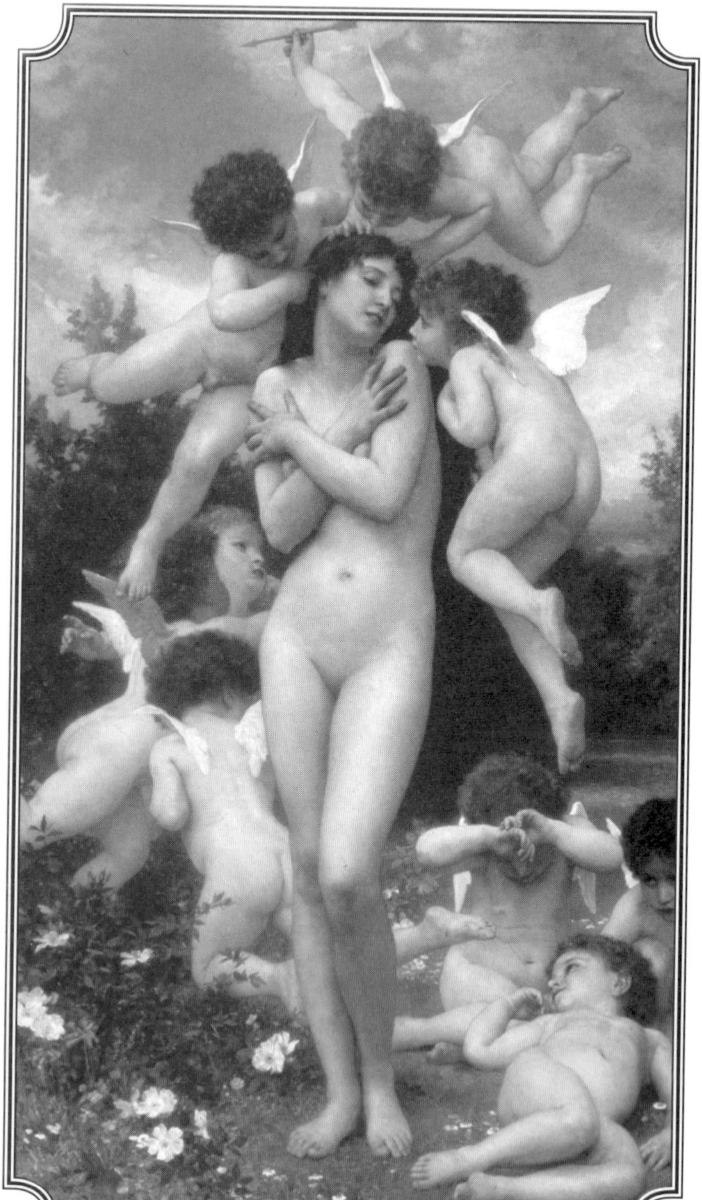

Infinitos / Infinitos

I.
Voltou-me a recordação
de um dia extenso,
Final de tarde, início de nada, verão!
E tu me viste.

Pressentiste-me
Em um instante, só.

Horas intermináveis se sucederam.
Pensamento a perder de vista,
Olhar em campo aberto.

Depois da imensidão do mar,
Meus olhos se enchem de planície.

༺ ༻

I.
Me volvió el recuerdo
de un día de extenso,
Final de tarde, inicio de nada, verano.
Y me viste tú.

Presentiste
En un instante, sólo.

Horas interminables se sucedieron.
Pensamiento a perder de vista,
Mirada en campo abierto.

Después de la inmensidad del mar,
Mis ojos se llenan de planicie.

II.
Conheço a extensão azul de teus domínios
E em vela solta ao vento
Vi indícios dos enigmas teus.

Deste-me o encanto do horizonte.
Conheci paisagem de águas litorâneas
Mar se estendendo sob areia,
Olhar e maresias.

Escrevo sílabas de sal
Pelo ordenamento dos vocábulos.
Ornamento da palavra, que
O desvendar de tua essência
Me convoca.

⁕

II.
Conozco la extensión azul de tus dominios
Y en vela suelta al viento,
Vi indicios de los enigmas tuyos.

Me diste el encanto del horizonte.
Conocí paisajes de aguas costeras.
Mar extendiéndose por la arena.
Mirada y marítimos olores

Escribo sílabas de sal
Por el ordenamiento de los vocablos.
Atavío de la palabra, que
El develamiento de tu esencia
Me convoca.

III.
Na margem do tempo
Há mar.

Amar borda do espaço teu.
Céu.
Mirar o mar resplende infância verde,

Rarefeita captação,
Planície amplificada.

Imensidão no olhar
Som no ar, imagem distante.

Há mar azul cerceado
Tom de ti, azulando-me
No ilimitado.

Preciso instante.
Lugar onde te pretendo mais.

✦✦✦

III.
En la orilla del tiempo
Hay mar.

Amar la borda del espacio tuyo.
Cielo.
Mirar el mar, espléndida infancia verde

Rarefacta captación.
Llanura amplificada.

Inmensidad en la mirada,
Sonido en el aire, imagen distante.

Hay mar azul cercenado.
Tonalidad de ti, azulándome
En el ilimitado.

Exacto instante,
Lugar donde te pretendo más.

IV.
Espelhados horizontes
Transparecem nas auroras,
Os fragmentos de oásis teus.

Diante do mar,
Fico em silêncio.

Minhas letras são atalhos.
Amores nascidos no deserto,
Lançados a mar aberto.

De marítimo lirismo, falo.
Gravidade necessária.
Evit-ação
de pequenos naufrágios.

Diante do olhar,
Fico em silêncio.

ಌಌಌ

IV.
Espejados horizontes
Trasparecen en las mañanas
Los fragmentos de los oasis tuyos.

Delante del mar,
Me quedo en silencio.

Mis letras son atajos.
Amores nacidos en el desierto,
Lanzados a mar abierto.

De marítimo lirismo, hablo.
Gravedad necesaria.
Evitación
de pequeños naufragios.

Delante de la mirada,
Me quedo en silencio.

V.
Areia sob o céu
Fluída, pulverizada,
Inumerável.
Transfinitos grãos.
O vento, em movimento constante,
Dá-lhe destino.
Encantos sob medida
Dispersão e ponte.
Hoje essas areias são asas!

༺♥༻

V.
Arena bajo el cielo,
Fluida, rociada,
Innumerable.
Tras-finitos granos.
El viento, en movimiento constante,
Le da destinación.
Encantos en cierta medida.
Dispersión y puente.
¡Hoy estas arenas son alas!

VI.
Te recordas do lugar distante
Onde no vale, desenhávamos a lua.

Abraços vermelhos.
Beijos impares.
Ali fizemos romper as raízes
Enquanto clavavas estrelas em meu ventre.

E como em lençóis
Feitos de orvalho e relva,
mirava teus olhos
como quem mira o mar.

Inventamos céus azuis em tempos de névoas.
Vivemos os dois, cem anos,
em uma só manhã.
Bebemos o néctar de brancas açucenas.

Acima, com asas pontiagudas
Voam as andorinhas
em busca de lugares amenos.

Lenda do Tempo, Em três atos.

VI.
Te acuerdas del sitio lejano
Donde en el valle, dibujábamos la luna.

Abrazos rojos.
Besos impares.
Ahí hicimos romper las raíces,
Mientras tú, clavabas estrellas en mi vientre.

Y como en sábanas
Hechas de césped y orvallo,
miraba tus ojos
como quien mira el mar.

Inventamos cielos azules en tiempos de nieblas.
Vivimos los dos, cien años,

en solo una mañana.
Bebimos el néctar de blancas azucenas.

Arriba, con alas puntiagudas,
Vuelan las golondrinas
en busca de lugares templados.

Leyenda del tiempo, en tres actos.

VII.
Meu amor foi
Voo interrompido,
No olhar a-gravado.
Dele, resguardo os grifos.

Anelo o que sinto,
Paralelo avisto.
Guardo as cifras e reparto a cor.
Insistência e permanência.

Detalho o equinócio das distâncias
Em versos de talhe seco.
Suplemento ausência,
Na grafia das intensidades.

Cântaro que coube o mar.

⁂

VII.
Mi amor fue
Vuelo interrumpido,
En la mirada agravado.
De él, resguardo los grifos.

Anhelo lo que siento,
Paralelo que avisto.
Guardo las cifras y distribuyo el color.
Insistencia y permanencia.

Detallo el equinoccio de las distancias
En versos de taje seco.
Suplemento la ausencia,
En la grafía de las intensidades.

Cátaro que cupo en el mar.

VIII.
No mar encontro, metáforas perfeitas
O mar me importa,
Exporta meus litorais
Transporta-me
Alça-me.
Atravessa-te.

Me invento azul,
Em luminosas transparências.

Nas ilhas de mim,
Detenho-te em meus equívocos sóbrios.
Em tua península estou cativa
E além de todo o mar,
Os horizontes teus.

༺ ༻

VIII.
En el mar encuentro las metáforas perfectas.
El mar me importa,
Exporta mis litorales.
Me traspoprta.
Me alza.
Me atraviesa.

Me invento azul,
En luminosas transparencias.

En las islas de mí,
Te he detenido en mis equívocos sobrios.
En tu península estoy cautiva
Y más allá de todo el mar,
Los horizontes tuyos.

IX.
Irei ver-te neste sigilo declarado
E terei contigo,

P e r m a n ê n c i a s.

Que eu saiba ler-me
naquilo que escrevo-te.
O que inscrevo em mim,
Em ti, é voz suspensa.
Só assim sou minha, em vós.

Conjugo-te.
Nada confesso.
Neste oceano professo,
Em espelho
E céu.

※

IX.
Iré a verte en este sigilo declarado
Y tendré contigo,

P e r m a n e n c i a s.

Que yo sepa leerme
en aquello que te escribo.
Y lo que inscribo en mí,
En ti, es voz suspendida.
Solo así soy mía, en ti.

Te conjugo.
Nada confieso.
En este océano profiero,
en espejo
Y cielo.

X.
Faço do não-dito,
Voz em poesia de extremos.

Surpreendo-me na escrita
Alta voltagem grafada.
Ex-tensão.
Renitente eloquência.
Acentuada incidência.

Retrocedo, antecedo.
Porque cedo, essa ardência virou deserto.
Excedi.
Cedi, e o mar de teu amar causou
Voragem.

༺ ༻

X.
Hago de lo no-dicho,
Voz en poesía de extremos.

Me sorprendo en lo escrito
Alto voltaje dibujado.
Ex-tensión.
Obstinada elocuencia.
Enfatizada incidencia.

Retrocedo, antecedo.
Porque temprano, este ardor se ha tornado desierto.
Me excedí.
Consentí, y el mar de tu amar causó
Vorágine.

XI.
Teu céu,
Cintila nas águas dos páramos meus.
Porque teus olhos,
Fitam distâncias e alturas.

Sou reflexo reencontrado,
Entre-cortado nos paraísos meus.

Diagonal mistério na paisagem
Metáfora de tempo fundido – coesão
Memória acesa
Vento leve, varrendo praia inteira
Delineando os alados territórios teus.

S a g r a d o s   l i t o r a i s.

※

XI.
Tu cielo
Centellea en las aguas de mis páramos.
Porque tus ojos
Miran distancias y alturas.

Soy reflejo reencontrado,
Entrecortado en mis paraísos.

Diagonal misterio en el paisaje.
Metáfora del tiempo fusionado – cohesión.
Memoria encendida.
Viento leve dispersando la plata entera
Delineando los alados territorios tuyos.

S a g r a d o s   l i t o r a l e s.

XII.
Água,
Espelho do céu, reflexo no ar
Água mar, palavra terra.
Verso livre a procurar por voo azul,
Si-metrias.
Sílaba a sílaba, em distinta pro-cura,
Conjugando-te, sou.
Canto verbo, encanto e ventania.
Meu verso voa em con-fluência sensorial.
Eletiva afinidade.
Nas esferas da vastidão.

೧ഉ ഉം

XII.
Agua,
Espejo del cielo, reflejo del aire
Agua mar, palabra tierra.
Verso libre buscando un vuelo azul,
Simetrías.
Sílaba por sílaba, en distinta búsqueda
Conjugándole, soy
Canto verbo, encanto el viento.
Mi verso vuela en con-fluencia sensoria.
Electiva afinidad.
En las esferas de la inmensidad.

XIII.
Nas orlas do amor,
Areia, cascalho e vento.

Distante há linha
Hipotética ilha.

Imagem, pensamento.
Recôndito secreto, reclusão eleita.
Intensidade solar.
Todo o meu desejo, colho.
Acolho-te mais.

Neste cais, há mar.
Borda e margem.
Onde há pedra, flor.
Onde há corpo, alma.
L i t o r a i s.

XIII.
En los bordes del amor,
Arena, casquijo y viento.

Distante, hay isla
Hipotética línea.

Imagen, pensamiento.
Recóndito secreto, reclusión elegida.
Intensidad solar.
Todo mi deseo, cosecho
Te acojo más.

En este embarcadero, hay mar.
Borde y costado
Donde hay roca, flor.
Donde hay cuerpo, alma.
L i t o r a l e s.

XIV.
Inclino-me ao mar porque
Rios varam-me o corpo,
E deságuam-me lá.

Oceânica paisagem.
Fonte inesgotável.
Nirvânica precedência
Sem anúncio de clarins.

Origem e sal.
Sentido céu.
Azul turquesa.
Ígneas turmalinas.

Há mar, volátil a-ventura.

A c o n t e c i m e n t o.

ഛരുഉരു

XIV.
Me inclino al mar porque
Ríos atraviesan mi cuerpo,
Y me desaguan allá.

Oceánico paisaje.
Fuente inagotable.
Nirvánica precedencia
Sin repiques de clarines.

Origen y sal.
Sentido cielo.
Azul turquesa.
Ígneas turmalinas.

Hay, volátil a-ventura.

A c o n t e c i m i e n t o.

XV.
Incito-te a reflexões mais amplas,
Em densidade configurada.
Invasão de privacidade que
Desvend-arte-há.
Desdobramento de tecido significante.
Poética, memória e ficção.
Eclosão de múltiplos mistérios,
Passíveis às infinitas possibilidades.
Extensão de litorais!

XV.
Te incito a más amplias reflexiones,
En densidad configurada.
Invasión de privacidad que
Te desvendará.
Desdoblamiento de tejido significante
Poética, memoria y ficción.
Eclosión de múltiplos misterios,
Pasibles a infinitas posibilidades.
¡Extensión de litorales!

XVI.
Meus versos irradiam
Metáforas da intimidade.
Matéria sublinhada
Ver-tente complementar.
Constância explícita,
Em confronto de espelhos.
Vozes, marcas e enredos.
Condensação que desloca o olhar,
Semente e fruto da palavra.

⚘

XVI.
Mis versos irradian
Las metáforas de la intimidad.
Sustancia subrayada
Vertiente suplementar.

Constancia explícita,
En la confrontación de espejos.
Voces, marcas y enredos.
Condensación que disloca la mirada.
Semilla y fruto de la palabra.

XVII.
Em Elíseos campos reencontrados,
Teu mar acalenta-me dupla ressonância.
Tempo Acre, leve céu, ocre presença
Doce palavra que amanheceu.

Há barcos que se entrecruzam,
Atravessam praia e ilha, e
Pra'lém dos limites do espaço,
Recompõem destinos, em
Olhos que se lagoaram.

Tempo reinventado.
Diretriz da ampulheta audaz.

E calado entederás
Que de um poema,
Quase não há nada a dizer.

Ave palavra!

༄༅ ༄༅

XVII.
En Elíseos campos reencontrados,
Tu mar me arrulla dupla resonancia.
Tiempo Acre, leve cielo, ocre presencia.
Dulce palabra que alboreó.

Hay barcos que se entrecruzan
Atraviesan playa e isla, y
Más allá de los límites del espacio,
Recomponen destinos, en
Ojos que se han lagunado.

Tiempo reinventado.
Directriz de la ampolleta audaz

Y callado entenderás
Que de un poema
Casi no hay nada que decir.

¡Ave palabra!

Relevo / Relieve

Contornos e Bordas

Contornos e Bordas

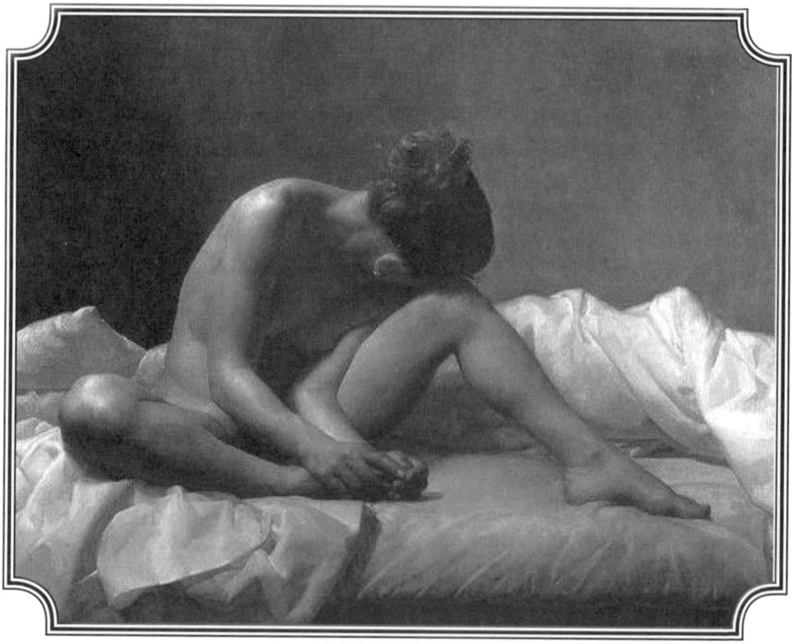

Feminilidade Re-velada / Feminidad Re-velada

Todos os anseios de Psique
se suspendem,
No reencontro com a beleza de Eros!

Hoje te evoco, pois pretendo,
que sigas sempre em mím.

Todos las ansiedades del Psique
se suspenden,
En el reencuentro con la belleza de Eros!

Hoy te evoco, pues pretendo,
que sigas siempre en mí.

I.
Ateio fogo em campo fechado,
E em solo sagrado.
Falando a ti, pensando em ti,
Alcanço este espaço fascinante,
Onde te encontro, onde te abraço.
Mas o que viso está mais longe,
Mais-além do lugar onde te espero.
A fulgurância de Eros
Aliada à exuberância,
Além... no olhar,
Hesita.
Viso possibilidades reiteradas
Expansão do Amor que me habita.
Estendo-me a ti.
O amor que a ti destino, intenso-fica,
Porque todo o Amor diz antes,
De uma paixão pelo infinito.

৵৹৻৽

I.
Atizo fuego en campo cerrado
Y en suelo sagrado,
Diciendote a ti, pensando en ti,
Alcanzo este espacio fascinante,
Donde te encuentro, donde te abrazo.
Todavía, lo que anhelo esta más lejano.

El fulgor de Eros
Aliado a la exuberancia,
Más allá... en la mirada,
Vacila.

Viso posibilidades reiteradas.
Expansión del amor que me habita.

Me extiendo a ti.

El amor que a ti destino intenso se queda
Porque todo amor dice antes,
De una pasión por el infinito.
Más-allá del lugar donde te espero.

II.
O que escrevo são
Lampejos de feminilidade aturdida
Nascidos de incursões que faço
Por cordilheiras, mares e desertos.

No meio das frases que a ti dirijo
Cintila a imagem onde te vejo,
A miragem reverbera, me comove e retorna,
Me faz vislumbrar o brilho que possuis.
Reflexo de mim.

O amor se ilumina.
Faz sina.

Quero todo o teu olhar no meu.

❦

II.
Lo que escribo son
Destellos de feminidad aturdida
Nacidos de las incursiones que hago
Por cordilleras, mares y los desiertos.

En el medio de las frases que a ti dirijo
Centellea la imagen donde te veo,
El espejismo reverbera, me conmueve
Y retorna,
Me hace vislumbrar el brillo que posees.
Reflejo de mí.

El amor se ilumina.
Hace sina.

Quiero toda tu mirada en la mía.

III.

É ímpeto pelo Absoluto
O que minha singularidade comporta,
E o absoluto se constitui em
permanente devir.

*"Na vida, a única coisa que se pode fazer
um pouco a sério,
é a letra de uma carta de amor".*

E o Amor,
Não procura outra coisa, que não seja
A revelação de seu próprio mistério.

⁂

III.

Es ímpetu por lo Absoluto
Que mi singularidad sostiene,
Y lo absoluto se constituye en
permanente devenir.

*"En la vida, la única cosa que se puede
hacer un poco en serio,
es la letra de una carta de amor".*

Y el amor,
No mira otra cosa que no sea
La revelación de su propio misterio.

IV.
Procurar minhas palavras
Me faz uma enorme exigência de trabalho
porque meus medos parecem nelas, coexistir

Reconhecer minhas palavras
é relato, construção e memória
Amor no brilho dos olhos,
E eu, em recinto de espelhos.

Examinar minhas palavras
é trabalho embaraçoso,
cortando letras, traçando pontos
em poemas nascentes.

Sondar minhas palavras
é cruzar a outra margem
Todos os dias

Todavia, judiciosamente aí sou livre.
Sou dona deste fazer-me.

Talhar-me e forjar-me
Como me quero eu
Como me queres tu.

❧❦❧

IV.
Buscar mis palabras
Me hace una enorme exigencia de trabajo
porque mis miedos parecen coexistir en ellas

Reconocer mis palabras
es relato, construcción y memoria
Amor en el brillo de los ojos,
Y yo, en recinto de espejos.

Examinar mis palabras
es trabajo embarazoso,
cortando letras, trazando puntos
en poemas nacientes

Sondear mis palabras
es atravesar la otra orilla,
Todos los días

Todavía, juiciosamente ahí soy libre,
Soy doña de este hacerme.

    Tallarme y forjarme,
    Como me quiero yo,
    Como me quieres tu.

V.
Meus versos são sem prelúdios
Breve traço sensorial,
Que recobre os mistérios de mim.
Dialética da falta e das alegrias
Que recusa preâmbulos.
Rechaça dúvidas e dívidas.

Meus versos são instantâneos
É palavra a galopar
E golpear o ser.
Faz calar o que seria grito.
Fecundidade que me distancia dos lamentos.
Navego no ímpeto de um tempo próprio
Des-encantado, des-encadeado.
Que produz
I n s t a n t e.

V.
Mis versos son sin preludios
Breve trazo sensorial,
Que recubren los misterios de mí.
Dialéctica de la falta y de las alegrías
Que rechaza los preámbulos.
Rehúsa dudas y deudas.

Mis versos son instantáneos.
Es palabra a galopar
Y golpear el ser.
Hace callar lo que sería grito.
Fecundidad que me distancia de los lamentos.
Navego en el ímpetu de un tiempo propio
Desencantado, desencadenado
Que produce
I s t a n t e.

VI.

Meu corpo é minha estrangeria
Nele, encontro o desterro
E a sede

Somos giros de vento, flutuando no ar
entre duas mortes.
Arrojo dos dias
Marcam o passo dos anos.

Entre céus e mares, talantes de minha pele,
esboço meu corpo, ao pulso de teu coração.
Sopro de mim.

Encarno minha vida nas
ressonâncias de teu ritmo
Te detecto impreciso
Nos instantes, todos.

Escrevo-te.
Ao vento. Ao tempo. À poesia.
Impossível que um se faz letra,
corpo e voz.
Iridescente sois vós.
Olho em vós. Te vejo aí
Tão calado em teus olhos.

 Teu olhar é minha

 E x t r a d i ç ã o

   ے❦ک

VI.
Mi cuerpo es mi extranjería.
En él, encuentro el destierro
Y la sed.

Somos giros de viento, flotando en el aire
entre dos muertes.
Arrojo de los días,
Marcan el paso de los años.

Entre cielos y mares, talante de mi piel,
esbozo mi cuerpo, al pulso de tu corazón.
Soplo de mí.

Encarno mi vida en las
resonancias de tu ritmo,
Te detecto impreciso,
En los instantes todos.

Te escribo.
Al viento. Al tiempo. A la poesía.
Imposible que se hace letra,
cuerpo y voz.
Iridiscente eres vos.
Miro a vos, te veo ahí,
Tan callado en tus ojos.

   Tu mirada es mi

E x t r a d i c i ó n.

VII.
Recordo a inscrição do possível.
Em ex-tensão almejada.
Recorto paisagem exterior,
A partir de um dentro.
Modul-ação necessária.
Interstício do sentido.
Abertura.
Solenidade no olhar
Memória alvejada.
Indelével ser,
Menina e mulher
Neste sempre mais, ainda.

VII.
Acuerdo la inscripción del posible.
En la extensión deseada.
Recorto paisaje exterior,
Desde adentro.
Modulación necesaria.
Intersticio del sentido.
Abertura.
Solemnidad en la mirada
Memoria emblanquecida.
Indeleble ser,
Niña y mujer
En este siempre más, aún.

VIII.
Antes dos especulares horizontes,
Aflora-me a ideia de meu corpo
consagrado a ti.
Veloz me chega, alojado no perfil do ar,
O esboço intermitente de teu ser.

Amplidão coesiva!
Relevo reinventado.

Dilato o ângulo quase obsceno,
Desde a visão – há mar.
Todo o mar se bebe em tuas pupilas.
E em teu silêncio – o Sol.
Descontínua precisão.

ೋ❧ ❦ೋ

VIII.
Antes de los fulgurantes horizontes,
Irrumpe la idea de mi cuerpo
consagrado a ti.
De pronto me llega, alojado en el perfil del aire,
El esbozo intermitente de su ser.

¡Cohesiva Amplitud!
Entornos reinventados.

Dilato el ángulo casi obsceno,
Desde la visión – hay mar.
Todo el mar se bebe en tus pupilas.
Y en tu silencio - el Sol.
Discontinua exactitud.

IX.
Com letra marcada em superfície vazia,
A imagem de meus exílios,
Componho.

Manuseio o código da língua,
Em sensibilidade à flor da pele.
Não me atenho aos caprichos da gramática.

Antes teço
Minha própria roupa-gen,
Rendada tessitura.
Enredos essenciais
Da Canção do Exílio.

IX.
Con letra marcada en superficie vacía,
La imagen de mis exilios,
Compongo.

Manejo el código de la lengua,
En sensibilidad a flor de piel.
No me atengo a los caprichos de la gramática.

Antes tejo
Mi propio ropaje,
Rendada tesitura.
Enredos esenciales
De la canción del exilio.

X.
Que saiamos eu e tu
ao encontro de outros gestos,
Novas entonações e céus mais luminosos.
Realcemos nosso voo,
Em experiências de aproximação
Que componha insólita possibilidade
De generosos câmbios,
E dias preciosos.
O que nos concederá a vida?
Somos matéria vibrante
Frutos, filhos e sementes,
Do incandescente pulso vital.

⊷⊶⊷

X.
Que salgamos tú y yo,
al encuentro de otros gestos,
Nuevas entonaciones y cielos más luminosos.
Realcemos nuestro vuelo,
En experiencias de acercamiento
Que componga insólita posibilidad
De generosos cambios
Y días preciosos.
¿Qué nos concederá la vida?
Somos materia temblorosa
frutos, hijos y semillas,
Del incandescente pulso vital.

XI.
Meus olhos,
Dilatam-se no infinito,
Teu olhar vislumbra belezas efêmeras.
Minha voz guarda o âmago de todo silêncio.
Tua música revela
o que está oculto em meus véus.

Em noites enluaradas cumprimos
nosso rito,
olhando as estrelas bordadas no céu.

Testemunhamos o Tempo.
Princípio e governo.
Regência e criação.

Consagramos as horas indomáveis.
E o pensamento nos traz um tempo,
De nítida alegria, míticas aragens
Que faz iluminar nossa retina.

R a d i a n t e   o l h a r.

ಎಲಿ ಲಿಎ

XI.
Mis ojos,
Se dilatan en el infinito,
Tu mirada vislumbra bellezas efímeras.
Mi voz, guarda el amago de todo silencio.
Tu música revela
lo que está oculto en mis velos.

En noches llenas de luna cumplimos
nuestro rito,
mirando las estrellas bordadas en el cielo.

Atestiguamos el Tiempo.
Principio y gobierno.
Regencia y creación.

Consagramos las horas de los indomables.
Y el pensamiento trae un tiempo,
De nítida alegría, míticos parajes
Que hacen iluminar nuestra retina.

R a d i a n t e   m i r a d a.

XII.
Falo dos limites de meu corpo.
Pequeno, frágil, efêmero
ocorrência real.

E no vai-e-vem da impossibilidade
Transcorre, trans-curso.
Quase não tenho suportado, tamanha
beleza da vida.
E a razão me impõe seus cuidados.

Me perco, me encontro, me ponho tonta!
Embaraça-me a vós!
Legislada, tenho sido.
Persevero aí
E assim é a vida de todos os homens.

Em Nome do Pai,
Os sonhos de menina,
Nos olhos do pai.
O abraço da Lei
No olhar da mulher,
O brilho da lua

Em minhas letras, ressoa

A sonoridade de teu nome.

XII.
Hablo de los límites de mi cuerpo.
Pequeño, frágil, efímero.
acaecimiento real.

Y en los vaivenes de la imposibilidad
Transcurre, trans-curso.
Casi no he soportado tamaña
belleza de la vida.
Y la razón me impone cuidados.

Me pierdo, me encuentro, me pongo tonta,
¡Embarázame vos!
Legislada, he sido.
Persevero ahí
Y así es la vida de todos los hombres.

En Nombre del Padre,
Los sueños de una niña,
En los ojos del padre.
El abrazo de la Ley
En la mirada de la mujer,
El brillo de la luna

En mis letras, retumba

El sonido de tu nombre.

XIII.
Tenho inventado uma linguagem
Que não me adiciona a palavra comum.
Falo em primeira pessoa.
Singular é a terceira língua.

Tenho vibrado inaudivelmente
Pelas horas,
Com uma harmonia superior
De uma nota funda-mental.

⁂

XIII.
He inventado un lenguaje
Que no me añade a la palabra común.
Hablo en primera persona.
Singular es el tercer lenguaje.

He temblado inaudiblemente
En las horas,
Con la armonía superior
De una nota fundamental.

XIV.
Minha linguagem
é resquício de palavra profusa
Circula mais além de atraentes afeições
Não nomeio nada!
Evoco, insinuo e retenho.

Minha palavra suspensa,
Dilui-se em vós.
Intuí-me vós.
No avesso de meu escrito, voz.

Entre os vibrantes devaneios
E a ordem que se estabelece.
Há um reflexo exato,
De intuições e sensibilidade,
Repousada nas curvas do corpo

    Borda da pele,
    Contorno de mim.

XIV.
Mi lenguaje
es resquicio de palabra profusa.
Circula más allá de las atractivas afecciones.
¡No nomino nada!
Evoco, insinúo y retengo.

Mi palabra suspendida,
Se disuelve en vos.
Intuyes vos.
Y en lo avieso de mi escritura, voz.

Entre los vibrantes devaneos
Y el orden que se establece,
Hay un reflejo exacto,
De intuiciones y de sensibilidad,
Reclinado en las curvas del cuerpo

    Borde de la piel,
    Contorno de mí.

Território da palavra / Territorio de la palabra

I.
Sombras, luzes, linhas.
A fome da letra traça a palavra,
Imagens re-marcadas.
Resto e sobra.

Desenho vazio,
Espaço aberto.
Silhueta.
Há-risco traçado
Em contorno silencioso
Avesso inquieto tocado.

Árvore do desassossego
Em florescência!

☙❧

I.
Sombras, luces, líneas.
El hambre de la letra traza la palabra.
Imágenes remarcadas.
Exceso y resto.

Dibujo vacío,
Espacio abierto.
Silueta.
Hay risco trazado
En contorno silencioso
Reverso inquieto tocado

¡Árbol del desasosiego
En floración!

II.
Conduzo a visão daquele que lê.
Porque enuncio em voz audível,
os fragmentos de meus próprios sinais.

Teço em textura alheia.
Tramo lugar-comum de um nós.
Con-tato entrelaçando sentido.

Sentimento insulado no outro.
Futuro de uma impressão.

⁂

II.
Conduzco la visión de aquello que lee.
Porque declaro en voz audible,
los fragmentos de mis propias señales.

Tejo en textura ajena.
Enredo lugar-común en vos
Con-tacto entrelazando sentido

Sentimiento aislado en el otro
Futuro de una impresión.

III.
Aquilo que escrevo,
resta apagado.
Acesa, pressinto a palavra.

Faço, desfaço, refaço.
E aquilo que olho, me vê.

Em constante repetição,
Replico a órbita dos olhares turvados.

Abstraio.

Sedimento memória, enquanto,
recrio-me no poema.

&ℓ&

III.
Aquello que escribo,
sigue apagado.
Encendida, presiento la palabra.

Hago, deshago, rehago
Y aquello que miro, me ve.

En repetición constante,
Replico la órbita de las miradas azoradas.

Abstraigo.

Sedimento la memoria, mientras
me recrío en el poema.

IV.
Imprimo ternura
somente em sólidas engrenagens,
Recorto críticas nocivas,
com tesoura e querosene.
Imagino linhas móveis,
em paredes voláteis.

Minha faceta mais estridente é
valer-me do espólio
outorgado em marcas.
Conhecimento íntimo,
escrava de harém com gestos contidos.
Prisioneira e libertária.

E dessa aderência insistente,
impertinente, faço recorte,
plasmada entre flores, campos, e as corrosivas
vicissitudes de ser mulher.

IV.
Imprimo ternura
solamente en engranajes sólidos,
Recorto críticas dañosas
con tijeras y kerosano.
Imagino líneas móviles,
en paredes volátiles.

Mi faceta más estridente es
valerme de la herencia
concedida en marcas.
Conocimiento íntimo,
esclava de harem con gestos contenidos.
Cautiva y libertaria.

Y de esta insistente
adherencia hago recorte.
Plasmada entre flores, campos, y las corrosivas
vicisitudes de ser mujer.

V.
Faço do amor,
Claridade bem vinda.
Outro impossível advém.
Brilho repousado entre as pedras do caminho,
Fazem teu vulto florescer!

Nas areias de meus desertos rarefeitos,
procuro-te em vão!
Pés descalços, olhos marejados,
Boca entreaberta,
lambendo como quem beija.

Recebo o corte da palavra anunciada.
Rio de todas as horas
que não puderam ser.

~~~

V.
Hago del amor,
Claridad bienvenida.
Otro imposible adviene.
¡Brillo reclinado entra en las piedras del sendero
Hacen tu semblante florecer!

¡En las arenas de mis desiertos rarefactos
te busco en vano!
Pies descalzos, ojos llenos de mareas,
Boca entreabierta
lamiendo como quien besa.

Recibo el corte de la palabra anunciada.
Río de todas las horas
que no han logrado ser.

VI.
Desperte-me o ímpeto do corpo
Flambe essa pele incandescente
Solta aquilo que me prende.
Ata-me sem perguntas.

Atiça meu peito em teu suave deleite
Chama-me em teu leito caudaloso
Acata-me tua

Contorne minhas bordas.
Prenuncie meus litorais.

E cedo, eu cedo a fenda.
Verga-me mulher.
Forja-me em brasa.
Ascenda-me tua.

❦

VI.
Despiértame del ímpetu del cuerpo
Prende esta piel incandescente
Destrábame de aquello que me arresta.
Átame sin preguntas.

Atiza mi pecho en suave deleite.
Llámame en tu lecho caudaloso.
Acátame tuya.

Contorna mis bordes.
Prenuncia mis litorales.

Y temprano, cedo la grieta.
Yérgueme mujer.
Fórjame en carbón vivo.
Asciéndeme tuya.

VII.
Sonho em tuas águas,
Porque ilhada estou em teu mar.
Ouço a concha suave,
Em madrepérola que resguarda
a felicidade que não virá.
Sonho com lago, esse espelho azul.
Reflexo de nossas translúcidas metáforas
Guinevere,
Sonhando que alguém com ela sonha.
Ataviada fui.
Adorno meu cabelo com jasmins
Para oferecer-te minhas turmalinas.

VII.
Sueño en tus aguas,
porque aislada estoy en tu mar.
Oigo la concha suave,
En madreperla que resguarda
la felicidad que no vendrá.
Sueño con el lago, este espejo azul.
Reflejo de nuestras metáforas translúcidas.
Guinevere,
Soñando que alguien con ella sueña.
Ataviada fue
Adorno mi pelo con los jazmines
Para ofrecerte mis turmalinas.

VIII.
Meu verso exige luminosidade.
Ainda que esteja recoberto pelos contrastes,
No brilho dos opostos,
componho minha simetria

Dos vidros, busco as transparências,
E meu canto se acende e se apaga como uma labareda.

A imagem habitual,
Não configura teu olhar distante.

Solapo tua voz,
E assim como alheia,
Escuto o pulso
de teu coração.

VIII.
Mi verso exige luminosidad
Aunque sea recubierto por los contrastes.
En el brillo de los opuestos,
compongo mi simetría,

De los vidrios, busco las transparencias,
Y mi canto se enciende y se apaga como una llamarada.

La imagen habitual,
No configura tu mirada lejana.

Solapo tu voz,
Y así como ajena,
Oigo el latido
de tu corazón.

IX.
Este querer
Que tanto ficou embargado,
Que por tanto tempo oprimiu minha pele
Alça voo... a seu destinatário.

Agora, no meio do asfalto gris,
Devem começar a brotar as flores.
E nova manhã chegará sem dor.

Sementes amarelas voaram pelo ar,
Em aparecimento espontâneo.

Sintaxe de minha nova linguagem!
Deixai que corra o rio!

⚜

IX.
Este querer
Que tanto se quedó embargado,
Que por tanto oprimió mi piel,
Alza vuelo… a su destinatario.

Ahora, en medio del asfalto gris,
Deben empezar a brotar las flores.
Y nueva mañana llegará sin dolor,

Semillas amarillas volarán al aire,
En advenimiento espontáneo.

Sintaxis de mi nuevo lenguaje!
¡Dejad que corra el río!

X.
Falei,
Não ouviste.
Gritei,
Não escutaste

Parti.
E já é tarde para que me vejas.
Ler-me não podes mais.

Desde remotos dias,
Encontro meu cotidiano inteiro,
Exato e pertinaz

E de pronto meu amor...
Já não podemos causar-nos dano
E eu, não reivindico
nenhuma palavra mais.

❦

X.
Hablé,
No oíste
Grité,
No escuchaste

Marché,
Y ya es tarde para que me veas.
Leerme no puedes más.

Hacia los lejanos días,
Encuentro mi cotidiano entero,
Exacto y pertinaz

Y de pronto mi amor...
Ya no podemos hacernos daño
Y yo no revindico
ninguna palabra.

XI.
Muda.
Tudo muda quando mudo o enunciado.
Transponho e transito,
entranháveis distâncias.
Há dias que pereço em territórios ocupados.
Falo.
Componho.
Retiro-me da angústia
de nadar em mar sem vida.
E, desloco insistente,
a falta movediça e as areias escaldantes.
Porque narro e amarro minhas viagens, na
Translação do sentido.
E não me esqueço:
A liberdade pressente o vazio!

ಲ⊙ ⊙ಎ

XI.
Todo cambia cuando cambio el enunciado
Transpongo y transito
Entrañables distancias.
Hay días, que perezco en territorios ocupados.
Hablo.
Compongo.
Me retiro de la angustia
de nadar en mar sin vida.
Y disloco insistente,
esa falta movediza y las arenas escaldantes
Porque narro y amarro mis viajes, en
La translación del sentido.
Y no me olvido
¡La libertad presiente el vacío!

XII.
Liberdade!
Trinta anos não são
Trinta dias.

Trinta minutos,
Podem passar os vislumbres de
Trinta vidas.

Em três segundos
Quero a liberdade de desvencilhar-me
Dos trinta anos,
Dos três dias,
Dos trezentos anos, por três mil séculos!

⸙

XII.
¡Libertad!
Treinta años no son
Treinta días.

Treinta minutos,
Pueden pasar los vislumbres de
Treinta vidas.

¡En tres segundos,
Quiero la libertad de desencajarme
De los treinta años,
De los tres días,
De los trescientos años, por tres mil siglos!

XIII.
Quão doces podem ser as notas planetárias.
Arias que retinem o pulsar dos cimos,
A terra cala.
O céu fala.
O ar é azul distante.
Nas extremidades - silêncio.

Há um tempo em que se escuta
a floração dos pessegueiros
Ouve-se as flores rosadas se
Transformando em fruto.
Seiva estala.
Fruto e flor a destilar sentido.
Lambo-te neste néctar oloroso.

Pausas breves em alvoradas inconclusas
Estão sendo geradas
Para a harmonia flores-ser,
    Ritmo incessante,
    Amor.

⁕⁕⁕

XIII.
Cuán dulces pueden ser las notas planetarias.
Arias que retiñen el latido de las cumbres.
La tierra calla.
El cielo habla.
El aire es azul distante.
En las extremidades - silencio.

Hay un tiempo en que se escucha
la floración de los duraznos.
Uno oye las flores rosadas
Transformándose en fruto.
Savia estala.
Fruto y flor a destilar sentido.

Te lamo en este néctar oloroso.

Pausas breves en alboradas inconclusas,
Están siendo generadas,
Para la armonía flores-ser,

   Ritmo incesante,
   Amor.

XIV.
Até a intensidade das coisas,
tem limite.
Persigo a rota desta ex-tensão,
delineada a longo tempo.
Espaços, lugares,
Linhagem e linguagem,
permanecem suspensos e,
amanhecem sempre.

Há em meu cerne,
um desejo em forma de ausência,
sustentado sobre abismos.
Instigante e ruidoso,
Como os longos
Silêncios.

ೞ

XIV.
Hasta la intensidad de las cosas
tiene límite.
Persigo la ruta de esta extensión,
delineada a largo tiempo.

Espacios, lugares,
Ascendencia y lenguaje,
siguen siendo suspendidas
y amanecen siempre.

Hay en mi cerne,
un deseo en forma de ausencia,
sostenido en abismos.
Provocante y ruidoso
como los largos
Silencios.

XV.
Habita meu peito, uma ave rara.
Asas de boa envergadura.
Canto suave.
Plumagem branca.
E, sublime voo.

É ela, em deslocamento ativo,
Que recolhe minhas lágrimas.
Águas, das perdas inomináveis.

Assim, acendo as palavras,
Relembro os fragmentos do paraíso
E posso entoar a dor.
Trans-migração.

∽∘ℰ ℰ∘∼

XV.
Habita mi pecho, un pájaro raro.
Alas de la buena envergadura.
Canto suave.
Plumaje blanco.
Y sublime vuelo.

Es él, en dislocación activa,
Que recoge mis lágrimas.
Aguas, de las pérdidas inolvidables.

Así, enciendo las palabras,
Rememoro los fragmentos del paraíso.
Y puedo entonar el dolor.
Trasmigración.

XVI.

Busco a palavra precisa,
para dizer desse olhar que me sustenta.

Atravesso tuas lacunas.
E nesse espaço,
inscrevo um estilo.
Estalido de meu sentido.
Potência sonora,
capaz de reencantar o mundo
naquilo que não se cumpre.

Enuncio os fragmentos
daquilo que me segue,
despida já,
de outros desencantos, tantos.

Dá-me a expressão exata
que possa permanecer retida,
No brilho dos olhos teus.

XVI.

Busco la palabra precisa,
para decir de esta mirada que me sostiene.

Atravieso tus espacios.
Y en este sitio,
inscribo mi estilo.
Estallido de mi sentido.
Potencia y sonoridad,
capaz de encantar el mundo
en aquello que no se cumple.

Declaro los fragmentos
de lo que me sigue,
desnuda ya,
de otros desencantos, tantos.

Dame la expresión exacta
que pueda seguir refrenada,
En el brillo de los ojos tuyos.

XVII.
Meus poemas surgem
de uma irremediável cegueira
E se agitam pelos ventos
dos infortúnios.
Renovo as letras de forma inevitável
Seduzida pela próxima palavra.
O que me dirá o sentido?
Prolifer-ação.
O texto reclama de si mesmo
Em deslocamento de mim.
Ideias flutuam pelo ar,
Para que eu seja navegável.

XVII.
Mis poemas nacen
de una irremediable ceguera
Y se agitan por los vientos
de los infortunios.
Reanudo las letras de forma inevitable
Seducida por la prójima palabra.
¿Qué me dirá el sentido?
Prolifer-acción.
El texto reclama de sí mismo
En desplazamiento de mí.
Ideas flotan en el aire
Para que yo sea navegable.

XVIII.
Inspirada,
pelo aprendizado dos poemas
Em tempo de vicissitudes, calo.

E virá que eu vi,
A palavra calma
Que mitiga a dor e
Re-colhe a alma.

E o tempo, revigorará as sementes,
E teremos abundante, safra.

※

XVIII.
Inspirada,
por el aprendizaje de dos poemas
En tiempo de vicisitudes, callo.

Y vendrá que yo vi,
Aa palabra calma
Que atenúa el dolor y
Re-coge el alma.

Y el tiempo, habrá de revigorizar todas la semillas,
Y tendremos abundante cosecha.

IXX.
Que minha lembrança incendeie
todas as metáforas

Aos leitores:
Avistai os jasmins
com sua brancura olorosa!

Avistai a rosa com seu carmim
Intenso.

IXX.
Que mi recuerdo incendie
Todas las metáforas

A los lectores:
¡Avistad los jazmines
con su blancura olorosa!

Avistad la rosa con su carmín
Intenso.

Continente subjetivo,
Escrita feminina, letra de menina,
Palavra de mulher.

Continente subjetivo,
Escrita femenina, letra de niña,
Palabra de mujer.

Impressão / Acabamento
Editora Gráficos Unidos
Fone/Fax: 11 3208-4321
e-mail: editoragraficos@uol.com.br